Les grenouilles avalent avec les yeux

Des faits étrangement fascinants sur les batraciens et les reptiles

Les grenouilles avalent avec les yeux

**Des faits étrangement fascinants
sur les batraciens et les reptiles**

Texte de Melvin et Gilda Berger
Illustrations de Robert Roper
Texte français de Martine Faubert

Les éditions Scholastic

Pour toute information concernant les droits, s'adresser
à : Scholastic Inc., 555 Broadway, New York, NY 10012.

ISBN 0-439-00421-7

Titre original : Strange World – Frogs Swallow With Their Eyes

Copyright © The Gilda Berger Revocable Trust, 1997, pour le texte.
Copyright © Robert Roper, 1997, pour les illustrations.
Copyright © Les éditions Scholastic, 1998, pour le texte français.
Tous droits réservés.

Édition publiée par Les éditions Scholastic,
175, Hillmount Road, Markham (Ontario) Canada, L6C 1Z7.

4 3 2 1   Imprimé au Canada   8 9 / 9 0 1 2 3 4 / 0

LES GRENOUILLES ET LES CRAPAUDS

LES GRENOUILLES AVALENT AVEC LEURS YEUX!

La grenouille a vraiment une façon bizarre d'avaler la nourriture. Quand elle a attrapé une mouche dans sa gueule, elle cligne des yeux. Les globes oculaires exercent alors une pression sur le palais, et la mouche est poussée vers la gorge, pour tomber ensuite dans l'estomac.

LE SAVAIS-TU?

La langue de la grenouille est tapissée de papilles gustatives.

La grenouille recrache tout ce qui lui semble avoir mauvais goût.

LA GRANDE BOUFFE

En général, la grenouille se nourrit d'insectes, de vers et d'araignées. Mais parfois, elle se permet un véritable festin : elle mange sa propre peau!

La grenouille change de peau (on dit qu'elle mue) plusieurs fois par année. À l'aide de ses pattes antérieures, elle tire la vieille peau (qu'on appelle une exuvie) de l'arrière de son corps vers l'avant de sa tête, puis l'avale tout entière!

COMME UNE ÉPONGE

On ne voit jamais les grenouilles boire de l'eau. Ce n'est pas parce qu'elles n'ont jamais soif. Elles n'ont pas besoin de boire parce qu'elles sont toujours dans l'eau et que leur peau est capable d'absorber toute l'eau dont elles ont besoin!

POUR RIGOLER

— Quelle différence y a-t-il entre toi et une grenouille?

— Le «gre»!

DES YEUX TOUT LE TOUR DE LA TÊTE

La grenouille a les yeux exorbités, c'est-à-dire qu'ils lui sortent de la tête. On dirait deux petits périscopes, comme en ont les sous-marins. Grâce à ses yeux, la grenouille peut voir dans toutes les directions : devant, à gauche, à droite et même derrière! C'est bien pratique pour attraper les mouches!

Les yeux exorbités de la grenouille lui permettent aussi de bien se cacher dans les mares et les étangs. En effet, elle peut rester le corps enfoncé dans l'eau tout en surveillant la surface afin de détecter un danger ou encore une bonne mouche à croquer! Si tu as déjà fait la chasse aux grenouilles, tu as pu te rendre compte que c'était très difficile d'en prendre une par surprise!

IL NE FAUT PAS FAIRE LA BISE AUX GRENOUILLES!

Dans les contes de fées, il y a une histoire de princesse qui embrasse une grenouille, et la grenouille se transforme en un beau prince charmant. Mais, ce n'est qu'une légende! En réalité, plusieurs espèces de grenouilles sont venimeuses. Et, dans tous les cas, leur peau a très mauvais goût. Même un tout petit baiser du bout des lèvres peut laisser un goût horrible dans la bouche!

UNE GRENOUILLE ASSASSINE

En Amérique du Sud, les gens savent qu'il faut se méfier du kokoï. En effet, un adulte de cette espèce de grenouilles contient assez de poison pour tuer 1 500 personnes!

POUR RIGOLER

— Quel est l'animal le plus sourd?
— La grenouille, parce qu'elle dit toujours : Quoi? Quoi?

DES FLÈCHES EMPOISONNÉES

Les chasseurs aborigènes des forêts tropicales attrapent différentes espèces de grenouilles venimeuses afin d'utiliser leur venin. Ils en enduisent les pointes de leurs flèches pour chasser du gros gibier, comme le jaguar. Ces flèches empoisonnées peuvent tuer un gros animal en quelques minutes!

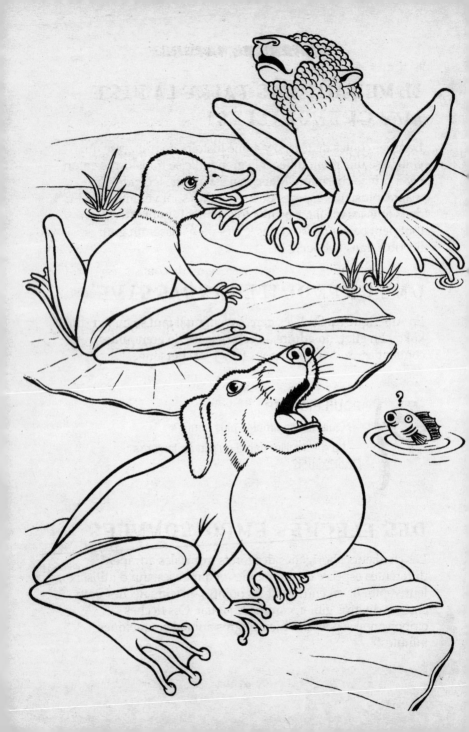

LE CHANT DES GRENOUILLES

Tout comme les humains, les grenouilles ont des cordes vocales au fond de la gorge. L'air qu'elles expulsent de leurs poumons fait vibrer les cordes vocales, créant toute une gamme de sons, variables suivant les espèces.

- La rainette jappeuse émet une sorte de jappement creux, à la manière d'un chien.

- La grenouille des bois fait un genre de couac sourd, qui rappelle le cri du canard.

- Le crapaud bêlant, qui est une espèce de crapauds à bouche étroite, a un chant qui ressemble à un bêlement.

- Le cri de la grenouille arboricole du Mexique ressemble au bruit d'un moteur automobile au démarrage.

- La grenouille menuisier fait un bruit qui rappelle celui d'un marteau heurtant un clou.

- Le chant de la rainette-criquet du nord de l'Amérique est un crépitement rapide.

LES RECORDS

La plus grosse.

> C'est la grenouille Goliath, qui vit en Afrique. La plus grosse jamais capturée (c'était en 1989) pesait 3,6 kg. Les pattes étirées, elle avait la taille d'un enfant de trois ans!

La plus petite.

> C'est une grenouille qui vit à Cuba. À l'âge adulte, elle mesure au plus de 0,98 à 1,05 cm. Avec les pattes arrières repliées, elle peut tenir sur l'ongle de ton pouce.

DE L'ŒUF À LA GRENOUILLE

Toutes les grenouilles naissent d'un œuf. Mais ce ne sont jamais des grenouilles qui sortent des œufs pondus par la femelle. Ce sont de petites bêtes qu'on appelle têtards. À la sortie de l'œuf, le têtard ressemble à un petit poisson, et il lui faut plusieurs mois pour se changer en grenouille.

UNE FAMILLE NOMBREUSE

La femelle de la grenouille géante d'Amérique (communément appelée ouaouaron) peut pondre jusqu'à 20 000 œufs d'un seul coup. Si tous ces œufs parvenaient à éclosion, l'eau des mares et des étangs serait toute noire de têtards et de grenouilles qui frétillent. Heureusement, la nature a bien fait les choses. La plupart des œufs sont dévorés par les oiseaux, les couleuvres ou d'autres animaux, et seuls quelques-uns parviennent à maturité.

BIZARRE DE NATURE!

LE SAVAIS-TU?

Le ouaouaron est la plus grosse espèce de grenouilles de l'Amérique du Nord.

UN BEL ESPRIT DE CONTRADICTION

La plupart des espèces de grenouilles naissent d'un œuf minuscule, qui éclôt en un petit têtard avant de devenir une grenouille adulte. Mais la grenouille paradoxale, qui vit en Amérique du Sud, a trouvé le moyen de faire le contraire de tout le monde. Son têtard, qui mesure environ 20 cm, se transforme en une petite grenouille de 3 cm.

DE DRÔLES DE PAPAS

Les rhinodermes de Darwin, qui sont de petites grenouilles d'Amérique du Sud, ont une façon bien particulière de partager le soin des petits. C'est la femelle qui pond les œufs, bien sûr. Mais ensuite, quand les petits têtards en sortent, le papa les avale. Il peut ainsi garder jusqu'à vingt têtards dans sa bouche. Et quand ceux-ci se transforment en petites grenouilles, il les recrache tout simplement!

Lorsque la femelle du crapaud accoucheur pond ses œufs, elle les dispose en deux longs cordons. Le mâle prend alors ceux-ci et les enroule autour de ses pattes arrières. Au bout d'environ trois semaines, il dépose les œufs dans l'eau. Et, aussitôt, il en sort de petits têtards!

UNE DRÔLE DE MAMAN

La femelle du pipa, qui est une espèce de grenouilles vivant en Amérique du Sud, a une façon très particulière de couver ses œufs. Elle pond d'abord ceux-ci à la surface de l'eau, pour que le mâle les féconde. Puis elle se place dessous les œufs fécondés, qui tombent sur son dos où ils se fixent; et la peau se soulève autour de chacun d'eux, en guise de protection. C'est là que l'œuf se développe, jusqu'à éclosion. Il en sort alors une petite grenouille presque entièrement formée.

BIZARRE DE NATURE!

POUR RIGOLER

— Thomas! Veux-tu bien m'expliquer pourquoi tu as mis une grenouille dans le lit de ta sœur?

— Mais, maman! Parce que je n'ai pas trouvé de serpent!

LES CRAPAUDS GALEUX

Les crapauds sont généralement plus gros que les grenouilles et ont la peau plus foncée. Ils ont aussi de petites bosses à la surface de la peau, qui ressemblent à des verrues. On dit souvent des crapauds qu'ils sont galeux. Certaines personnes croient que, si on touche la peau d'un crapaud, on peut attraper des verrues. C'est totalement faux! Nos verrues sont causées par un virus, et ça n'a rien à voir avec les crapauds!

LE SAVAIS-TU?

Lorsqu'il fait très chaud, les crapauds s'enfouissent dans les sols meubles et restent là, bien au frais, jusqu'à ce que le temps redevienne moins lourd.

POUR RIGOLER

— Que dit le crapaud en ouvrant la porte à un invité qui arrive en retard?

— Mieux vaut têtard que jamais!

UNE PEAU TRANSPARENTE

En Amérique centrale, il existe une espèce de grenouilles qui n'a vraiment rien à cacher! Sa peau translucide laisse apparaître ses vaisseaux sanguins, ses organes internes et jusqu'à son cœur qui bat. Son corps est si transparent qu'on peut même voir au travers la branche sur laquelle l'animal est assis!

LA MODE PRINTANIÈRE

Le mâle de la grenouille poilue, qui vit en Afrique, a un aspect étonnant au printemps, avec ses cuisses et ses flancs ornés de franges. En réalité, il s'agit de longs filaments de peau parcourus de minuscules vaisseaux sanguins. C'est un artifice destiné à attirer le regard des femelles de l'espèce.

UNE ATHLÈTE OLYMPIQUE

Toutes les espèces de grenouilles sont d'excellentes sauteuses, grâce à leurs longues pattes arrières bien musclées. Mais le record mondial de saut est détenu depuis 1977 par une grenouille à nez pointu d'Afrique du Sud; elle a réussi un triple bond de 10,3 cm.

POUR RIGOLER

Essaie de dire le plus vite possible la phrase suivante :

Trente-trois crapauds gris dans trente-trois gros trous creux

Pas facile!

QUAND IL SE MET À PLEUVOIR DES GRENOUILLES

Il arrive qu'une tornade aspire sur son passage toute l'eau d'un étang, emportant avec elle les grenouilles qui y vivent. La tornade poursuit ensuite sa trajectoire et finit par s'affaiblir un peu plus loin, en laissant tomber les pauvres bêtes. Ces jours-là, il vaut mieux ne pas sortir sans son parapluie!

LE SAVAIS-TU?

Il a plu des grenouilles à Townbridge, en Angleterre, en 1939 et à Memphis, dans l'État du Tennessee aux États-Unis, en 1946.

LES SERPENTS

DE BIEN MAUVAISES MANIÈRES!

Les serpents mangent vraiment comme de gros cochons. Pour avaler leur repas, ils ouvrent la bouche toute grande. Et souvent, ils engloutissent d'un coup un animal tout entier, encore vivant. Ce peut être une petite souris ou un joli lapin, mais aussi un gros cochon adulte ou une chèvre bêlante. Et ils le font sans mastiquer! Il arrive d'ailleurs qu'on voie des serpents au corps déformé par la proie qu'ils viennent d'avaler tout rond.

LE SAVAIS-TU?

La plupart des espèces de serpents n'ont pas besoin de se nourrir très souvent.

Chez certaines espèces, un repas suffit pour survivre tout un mois.

POUR RIGOLER

— Comment ça s'appelle, un lapin qui passe à côté d'un serpent?

— Un repas!

LES SERPENTS SENTENT AVEC LA LANGUE

Lorsque les serpents se déplacent, ils sortent continuellement la langue. C'est leur façon de sentir. Chaque fois que la langue revient dans la bouche, elle transmet au palais les odeurs rencontrées à l'extérieur. Le serpent peut ainsi détecter la présence dans les environs d'un repas, comme un bon gros rat, ou d'un prédateur.

POUR RIGOLER

— Il me semblait, dit le campeur, qu'il n'était pas censé y avoir de serpents ici?

— C'est exact, répond le gardien du camping. Ceux que vous voyez viennent du camping voisin, qui est beaucoup moins bien tenu!

ON PEUT ENTENDRE MÊME SI ON N'A PAS D'OREILLES!

Tu peux jouer du tambour à côté d'un serpent qui dort, et il ne sera absolument pas dérangé. Mais si tu essaies de t'en approcher à pas de loup, il se réveillera aussitôt. Les serpents n'ont pas d'oreilles. Par contre, leur squelette est capable de capter les vibrations du sol. Pas bête pour une bête!

DES YEUX GRANDS OUVERTS

Les yeux des serpents ne sont pas garnis de paupières. Ils restent donc toujours ouverts. Mais ils sont quand même recouverts d'une fine membrane translucide qui les protège contre la poussière.

Impossible de savoir si un serpent dort ou s'il est aux aguets, jusqu'au moment où il est trop tard pour s'enfuir!

DES MORSURES SOUVENT MORTELLES

Les serpents venimeux mordent leurs victimes au moyen de deux longues dents creuses qu'on appelle « crochets ». Ces crochets fonctionnent un peu comme de grosses seringues hypodermiques avec lesquelles on injecterait du poison. Une seule morsure peut être mortelle.

LE SAVAIS-TU?

Les serpents se servent de leurs dents pour mordre ou tenir leurs proies, jamais pour mastiquer leur nourriture.

POUR RIGOLER

— Maman! demande le petit serpent. Est-ce qu'on est venimeux?

— Bien sûr, mon chéri. Pourquoi poses-tu cette question?

— Parce que je viens de me mordre la langue!

À VOS MARQUES, PRÊTS, CRACHEZ!

Lorsqu'il est effrayé, le cobra à cou noir se dresse pour faire face à l'ennemi et lui cracher son venin dans les yeux! Le jet de venin peut atteindre 3 m et rendre la victime aveugle à tout jamais!

BIZARRE DE NATURE!

LE SAVAIS-TU?

Le venin que crache le cobra à cou noir sort par de petits trous situés à l'extrémité de ses crochets. L'animal peut cracher six fois de suite, avant d'épuiser sa réserve. Et environ 24 h plus tard, celle-ci s'est déjà reconstituée!

DES SONNETTES D'ALARME

Le serpent à sonnette se promène avec un genre de sonnette d'alarme au bout de la queue. Lorsqu'il agite celle-ci, de petites écailles très épaisses se frottent les unes contre les autres. Le bruit qu'elles font peut s'entendre jusqu'à 30 m. C'est suffisant pour faire fuir tous les animaux qui se trouvent dans les parages!

LE SAVAIS-TU?

Les écailles de la queue du serpent à sonnette sont faites de la même substance que tes ongles.

POUR RIGOLER

— Comment ça s'appelle, un serpent qui dit n'importe quoi?

— Un serpent à sornettes!

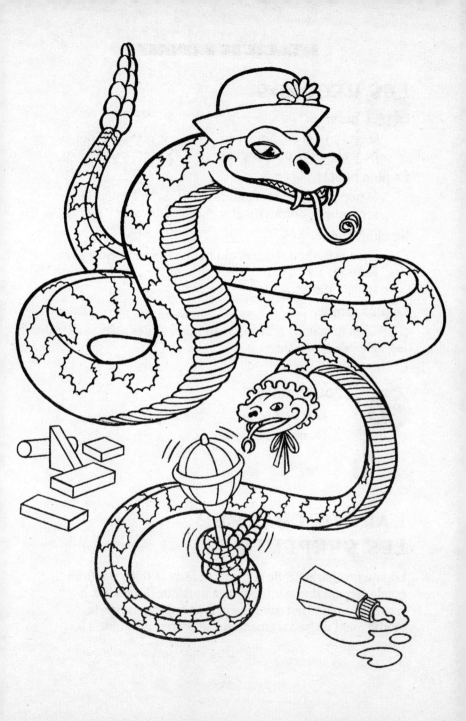

LES RECORDS

Le plus gros.

> C'est l'anaconda, qui vit en Amérique du Sud et qui peut atteindre une longueur de 8,45 m et peser 230 kg.

Le plus petit.

> Si tu pouvais retirer la mine d'un crayon à mine, le serpent-fil pourrait s'y glisser sans difficulté!

Le plus long.

> C'est le python réticulé, qui peut mesurer jusqu'à 10 m. Dans un zoo, il faut douze gardiens bien costauds pour transporter un seul python adulte!

Le plus rapide.

> C'est le mamba noir, qui peut pousser des pointes allant jusqu'à 19 km/h.

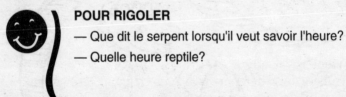

POUR RIGOLER

— Que dit le serpent lorsqu'il veut savoir l'heure?

— Quelle heure reptile?

L'ART DE CHARMER LES SERPENTS

Lorsqu'un charmeur de serpents joue de la flûte, on dirait que le serpent danse au son de la musique. En réalité, le serpent ne peut rien entendre et il ne fait que suivre le mouvement de balancement que le charmeur donne à son corps.

LE SAVAIS-TU?

Les serpents descendent probablement des lézards, dont ils se sont différenciés il y a environ 100 millions d'années. Ce sont des lézards qui, pour survivre, ont dû s'enfouir dans le sol. Ils n'avaient dès lors plus besoin de pattes pour se déplacer.

POUR RIGOLER

— Sais-tu quel est l'animal le plus intelligent?

— Le serpent, parce qu'on ne peut pas le faire marcher!

UN SERPENT EN FORME DE BALLE

Le python royal, qui vit en Afrique, a une façon bien particulière de se défendre face à ses ennemis. Il se met le corps en boule, avec la tête cachée au milieu. Et il reste comme ça jusqu'à ce que le danger soit passé. Tu peux toujours essayer de le faire rouler comme une balle, mais impossible de le faire rebondir!

UN EXCELLENT COMÉDIEN

L'hétérodon a plus d'un tour dans son sac. À l'approche d'un ennemi, il dresse la tête et agite la queue, à la manière d'un serpent à sonnette. Si l'assaillant continue d'approcher, il se met à siffler et à gonfler le cou, pour paraître plus gros. Finalement, il passe à l'attaque. Malheureusement pour lui, sa morsure est inoffensive.

Si, après toutes ces simagrées, l'ennemi n'a toujours pas déguerpi, l'hétérodon change de tactique. Il se renverse sur le dos, ouvre la gueule toute grande et laisse pendre la langue, comme s'il était mort. Les tissus à l'intérieur de sa gueule ressemblent à de la chair en putréfaction, et l'hétérodon a très mauvaise haleine. En général, l'ennemi en est dégoûté et s'éloigne aussitôt!

UN SERPENT À DEUX TÊTES

Il existe une espèce de boas dont le bout de la queue ressemble à la tête. Quand on le regarde ramper sur le sol, il est difficile de dire s'il avance ou s'il recule!

Lorsqu'il se sent menacé, ce boa se roule en boule, en cachant sa vraie tête au milieu des anneaux que forment son corps et en faisant pointer sur le dessus le bout de sa queue, qui ressemble à sa tête. La plupart des assaillants s'y laissent prendre et mordent le bout de la queue. Évidemment, même si ça fait un peu mal, le boa préfère cela de loin à se faire mordre le museau!

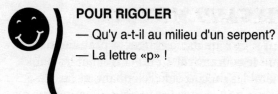

POUR RIGOLER

— Qu'y a-t-il au milieu d'un serpent?

— La lettre «p» !

EST-CE UN SERPENT OU UNE GRENOUILLE?

Tout le monde sait que, pour se déplacer, les serpents rampent et les grenouilles sautent. Sauf la vipère sauteuse, qui vit en Amérique centrale. Lorsqu'elle aperçoit un oiseau sur une branche pas trop haute, elle se détend avec une telle énergie qu'elle peut sauter en l'air jusqu'à 60 cm de haut, pour attraper sa proie.

POUR RIGOLER

— Crois-tu qu'un serpent peut mordre un humain qui tient une lampe de poche allumée?

— Tout dépend de la vitesse à laquelle celui-ci court!

UN TUEUR SANS MERCI

Les éléphants sont si gros qu'ils ne craignent pratiquement aucun animal. Sauf le cobra royal. Celui-ci connaît les deux seuls points vulnérables du corps de l'éléphant, et c'est là qu'il l'attaque. Il cherche à le mordre au bout de la trompe ou au point de jonction des ongles avec la peau. Une morsure à l'un de ces deux endroits suffit pour faire se tordre de douleur le plus gros des éléphants!

LE SAVAIS-TU?

Le cobra royal fait environ 10 000 victimes par année en Inde. La plupart meurent dans l'heure qui suit la morsure. Le venin du cobra royal est si puissant qu'il suffirait de 30 ml pour tuer 4 000 personnes!

PRESQUE DES JUMEAUX

Le serpent-corail et la couleuvre royale se ressemblent beaucoup, car ils ont tous les deux le corps rayé de rouge, de noir et de jaune. Mais le serpent-corail est très venimeux, tandis que la couleuvre royale est inoffensive.

C'est bien pratique pour la couleuvre royale, car tout animal qui a survécu à l'attaque d'un serpent-corail n'ose plus s'approcher d'elle, de peur de se faire attaquer encore une fois.

Voici un truc pour les reconnaître :
si le rouge est bordé
de deux bandes noires,
pas de problème,
c'est la couleuvre.

POUR RIGOLER

Deux serpents se rencontrent.

— Ça n'a pas l'air d'aller très fort ce matin?

— Je comprends! Je suis rentré trop tard hier soir et j'ai une de ces gueules de boa!

LE SAVAIS-TU?

Une région du Sri Lanka est tristement célèbre; on y rencontre le plus haut taux de mortalité dû à des morsures de serpents. Environ 800 personnes en meurent chaque année.

COMME DES VERS DE TERRE

Les serpents aveugles creusent des galeries souterraines. Ils se nourrissent des fourmis, des vers et des termites qu'ils y trouvent. Leur vision est presque nulle. Qu'importe, quand on vit sous terre!

UN BIEN ÉTRANGE RADEAU

Un beau jour de 1932, des marins ont aperçu au beau milieu de l'océan Indien un immense radeau large de 30 m sur 21 m. En s'approchant, ils se sont rendu compte que le radeau n'était pas fait de billes de bois, mais bien de milliers de serpents marins rassemblés en une énorme masse, probablement par le jeu des marées et des courants. Pas question de mettre le pied dessus, car ces serpents sont extrêmement venimeux!

LE SAVAIS-TU?

Les serpents marins sont parmi les plus venimeux au monde. Une seule morsure suffit pour tuer un humain en à peine un peu plus de deux heures.

LES TORTUES

PAS DE DENTS, MAIS ATTENDS VOIR!

C'est vrai. Les tortues n'ont pas de dents. Par contre, leur bec est si tranchant qu'elles peuvent sans difficulté s'en servir pour couper en petits morceaux la plupart des plantes ou des animaux dont elles se nourrissent. Leurs mâchoires sont d'ailleurs si puissantes qu'elles peuvent même couper du bois avec leur bec.

POUR RIGOLER

— Sais-tu pourquoi les tortues se mettent du vernis à ongles rouge?

— Pour se cacher dans les champs de fraises. Et ça marche! La preuve? As-tu déjà vu une tortue dans un champ de fraises?

LE CORPS DANS UNE ARMURE

Lorsqu'elles sont effrayées, la plupart des tortues ont pour réflexe de rentrer la tête, les pattes et la queue dans leur carapace. Certaines espèces peuvent même refermer celle-ci complètement, un peu comme une boîte. Elles sont alors en parfaite sécurité.

LE SAVAIS-TU?

La carapace de la tortue est une prolongation de son squelette. La tortue est le seul gros animal à avoir un squelette partiellement externe.

UNE VALEUREUSE DOYENNE

Les tortues vivent plus longtemps que tous les autres animaux. En 1766, une tortue adulte a été introduite sur une île de l'océan Indien. Elle y a vécu 152 ans, jusqu'en 1918 où elle est morte après être tombée du haut d'un mur. Des experts ont alors évalué son âge à environ 170 ans. Et elle aurait probablement pu vivre encore, si elle n'avait pas eu cet accident!

LE SAVAIS-TU?

Les tortues existaient sur la Terre bien avant les dinosaures. Et les dinosaures ont disparu depuis 65 millions d'années, tandis que les tortues sont toujours là!

UNE PETITE VIE BIEN TRANQUILLE

Tu aimes sans doute les jours de congé où tu peux paresser au lit le matin et traîner à ne rien faire de précis toute la journée. C'est un peu la vie que mènent les tortues terrestres, mais à longueur d'année. Certaines espèces peuvent dormir jusqu'à seize heures par jour et, le reste du temps, ne font que se prélasser au soleil. C'est peut-être ce qui explique leur longévité exceptionnelle!

POURQUOI DONC TANT SE PRESSER?

Comme leur nom l'indique, les tortues terrestres vivent à la surface de la terre. Dans la fable de La Fontaine intitulée *Le lièvre et la tortue,* la tortue gagne une course contre le lièvre. Dans la réalité, la tortue court si lentement que tu serais capable de la battre sans difficulté. En effet, pour couvrir un parcours de 1 km en courant, il ne te faut que quelques minutes. Pour une tortue terrestre, cela prend plus de deux heures, et encore, à condition qu'elle ne s'arrête pas en route pour manger!

UNE TORTUE RAPIDE, EST-CE POSSIBLE?

La tortue-luth peut couvrir à la nage un parcours de 1 km en à peine plus d'une minute. Pour un humain champion de natation, cela prend plus de deux minutes. Les humains ont quand même un avantage sur les tortues marines : ils savent nager sur le dos!

BIZARRE DE NATURE!

POUR RIGOLER

— Je m'en vais jouer chez une copine, je reviens dans deux semaines!

LES RECORDS

La plus grosse.

C'est la tortue-luth, dont un individu s'est échoué en 1988 sur une plage du Pays de Galles, en Grande-Bretagne. Il était long de 2,91 m et pesait 961 kg.

La plus petite.

C'est la tortue tachetée du Cap, qui a une carapace de 6 cm à 9,6 cm de long. Elle pourrait tenir dans le creux de la main!

LES MYSTÈRES DE L'INSTINCT

Tous les trois ans, les femelles de la tortue franche, qui vit en Amérique du Sud, adoptent un comportement vraiment bizarre. Elles nagent jusqu'à 1 900 km au large des côtes du Brésil, jusqu'à l'île de l'Ascension, au beau milieu de l'océan Atlantique. Là, elles pondent leurs œufs, toujours sur la même plage. Puis elles les recouvrent de sable, retournent dans l'eau et reviennent en nageant jusqu'à leur point de départ au Brésil.

BIZARRE DE NATURE!

Au bout d'environ un mois, les œufs éclosent, et les petites tortues entrent dans la vie en se débrouillant seules, sans papa ni maman.

Voici ce qui demeure incompréhensible dans ce comportement :

- Comment ces tortues peuvent-elles avoir la force de nager sur une distance de 1 900 km à l'aller comme au retour?

- Comment font-elles pour trouver la petite île de l'Ascension, qui ne fait que 11 km sur 8 km?

- Comment font-elles pour retrouver la petite plage où elles vont toujours nidifier?

- Pourquoi vont-elles faire leur nid si loin?

LE SAVAIS-TU?

À l'heure actuelle, la tortue franche est une espèce en voie d'extinction, tellement on l'a chassée pour en faire de la soupe.

POUR RIGOLER

Une tortue se fait piquer sur le front par une guêpe :
— Catastrophe! Si ça continue à enfler, je vais être obligée de coucher dehors!

QUAND LES TORTUES VONT À LA PÊCHE

Deux espèces de tortues attrapent les poissons dont elles se nourrissent grâce à un leurre.

La tortue-alligator s'installe au fond de l'eau, la gueule grande ouverte et la langue pendante, sur laquelle elle a un petit appendice charnu et rose, ressemblant à un ver. Attiré par le leurre, le poisson glisse la tête dans la gueule de la tortue, et CLAC! le bec se referme et la tortue n'a plus qu'à se régaler!

La tortue matamata ou tortue à franges, quant à elle, se sert des appendices charnus qui lui garnissent le cou. Installée sur le fond vaseux d'un cours d'eau, elle demeure immobile, laissant les «franges» de son cou bouger au gré des courants. Un poisson qui passe par là n'y voit que du feu; pensant que ce sont des algues, il s'approche un peu trop, et la tortue n'a plus qu'à l'attraper d'un bon coup de bec.

LE SAVAIS-TU?

Pour mieux se dissimuler, la tortue-alligator a la carapace de la même couleur que les fonds vaseux où elle aime se mettre à l'affût.

DES TORTUES APPRIVOISÉES

Les habitants de Madagascar vénèrent une espèce de tortue qui vit dans leur île, parce qu'ils lui attribuent des pouvoirs surnaturels. Ils la protègent dans la nature et vont même jusqu'à l'apprivoiser et à la garder chez eux comme animal de compagnie.

POUR RIGOLER

Essaie de dire la phrase suivante sans te tromper :

Trois tortues trottaient sur trois étroits toits; trottant sur trois étroits toits, trottaient trois tortues trottant.

AUSSI REPOUSSANTE QU'UNE MOUFFETTE

Peux-tu croire qu'un animal puisse dégager une odeur aussi nauséabonde que celle de la mouffette? Eh bien, c'est le cas de la tortue musquée odorante, qui émet une odeur vraiment repoussante lorsqu'elle se fait attaquer. Son assaillant s'enfuit aussitôt, sans demander son reste!

POUR RIGOLER

— Qu'est-ce que ça donne, le croisement d'une tortue musquée odorante avec un singe?

— C'est difficile à dire. Mais une chose est certaine : la créature qui en résulterait ne devrait pas avoir de difficulté à se trouver une place assise dans l'autobus!

LES LÉZARDS

UNE MORSURE MORTELLE

N'approche jamais un monstre de Gila de trop près. S'il te mordait, son venin pénétrerait aussitôt dans la blessure, et il suffit de quelques gouttes pour tuer un humain de taille adulte. Il en faut donc encore moins pour tuer un enfant ou encore les petits animaux dont le monstre de Gila se nourrit. Heureusement qu'il n'est pas trop glouton! En effet, après une grosse prise, il peut se passer de manger pendant plus d'un an.

LE SAVAIS-TU?

Les statistiques nord-américaines n'ont enregistré que trente-quatre cas où un humain s'est fait attaquer par un monstre de Gila. Huit de ces victimes sont mortes des suites de leur blessure.

BIZARRE DE NATURE!

POUR RIGOLER

— J'ai si bien apprivoisé ce monstre de Gila qu'il serait capable de venir manger dans ta main.

— C'est bien ce que je crains!

LES RECORDS

Le plus gros.

C'est le varan (ou dragon) de Komodo. On peut en voir un au zoo de Saint-Louis, au Missouri; il mesure plus de 2,25 m de long et pèse 60 kg.

Le plus petit.

C'est un minuscule gecko particulier aux îles Vierges, dans les Antilles, qui ne mesure que 1,8 cm de long (sans la queue) et pèse seulement quelques dizaines de grammes. Mais il a de la voix, car il peut se faire entendre à plus de 9 km.

Le plus rapide.

C'est l'iguane à queue effilée, du Costa Rica, qui se déplace à 35 km/h.

DU CALME, DU CALME!

Le lézard cornu, ou crapaud cornu, doit son nom à sa ressemblance avec un crapaud. Si tu en déranges un, il vaut mieux t'enfuir à toutes jambes. En effet, lorsqu'il est fâché, il fait gicler du sang de ses yeux, parfois à plus d'un mètre devant lui! Ce n'est pas dangereux du tout, mais ça fait rudement peur!

LE SAVAIS-TU?

Aux États-Unis, le crapaud cornu est apprécié des agriculteurs, car il se nourrit des insectes qui sont nuisibles aux cultures. Une université du Texas en a même fait son emblème.

LA VIE D'UN DRAGON

Dans les contes, les dragons sont des animaux fantastiques, pourvus de grandes ailes, de longues griffes et capables de cracher du feu. Le dragon de Komodo n'est pas un dragon, mais bien un gigantesque lézard. Il se nourrit de cochons, de chèvres, de cerfs et même d'humains. Heureusement pour nous, le dragon de Komodo ne vit que sur l'île de Komodo et quelques autres îles du Sud-est asiatique.

Le dragon de Komodo a pour habitude de mordre férocement sa victime à la patte, pour l'empêcher de s'enfuir. Puis il la déchiquette aussitôt en morceaux pour la dévorer. Si la victime n'est pas morte sur le coup, elle ne survivra que deux jours, à cause du contact de ses blessures avec la salive chargée de microbes du dragon.

On connaît le cas d'un dragon de Komodo qui a mangé à lui tout seul, en quinze minutes, un cochon entier de 45 kg. On sait que ce lézard est si vorace qu'il peut manger en un seul repas une quantité de viande supérieure à son propre poids. Peux-tu imaginer plus glouton?

IL MARCHE SUR LES EAUX!

Le basilique est un joli petit lézard qui vit dans la forêt tropicale et qui est capable de marcher sur les eaux. En effet, pour échapper à un ennemi, il peut traverser un étang ou un petit cours d'eau à la course, en ne faisant qu'effleurer la surface de ses deux pattes arrières. Il devient alors si léger qu'il ne s'enfonce pas dans l'eau. C'est bien pratique! Mais n'essaie pas d'en faire autant : ça ne marchera pas!

DES LÉZARDS ACROBATES

Les lézards de la famille des geckos sont des champions de l'acrobatie. En effet, ils peuvent grimper sur les murs et même marcher au plafond! Le dessous de leurs pattes est garni de milliers de petites soies qui leur permettent d'adhérer aux surfaces les plus lisses. Ils peuvent même grimper sur une vitre!

En plus, ils ont une bien étrange façon de se nettoyer les yeux. Ils sortent leur longue langue et s'en lèchent les yeux pour enlever la poussière!

POUR RIGOLER

— Dans quel département de l'université doit s'inscrire un gecko qui veut tout apprendre sur les affaires bancaires?

— Au département des sciences geckonomiques!

UN DINOSAURE VIVANT

Les lézards ont deux yeux, comme tout le monde. Mais pas le tuatara, qui en a un troisième sur le dessus de la tête! Heureusement qu'il ne porte pas de lunettes!

Lorsqu'il est actif, le tuatara respire à un rythme d'environ huit respirations à la minute. Les humains respirent à un rythme au moins deux fois plus rapide. Mais au repos, le tuatara ne respire plus qu'une fois l'heure! Étonnant, quand on pense qu'un humain ne peut même pas passer deux minutes sans respirer!

UNE DE PERDUE, DIX DE RETROUVÉES

Le scinque à queue bleue se fait souvent mordre la queue par les oiseaux ou les serpents. C'est normal, dans la nature! Mais ce qui suit l'est beaucoup moins. Le bout mordu de la queue se détache aussitôt et continue de grouiller sur le sol. Le regard de l'assaillant est attiré par le mouvement et, pendant ce temps, le scinque en profite pour se sauver!

Ensuite, les choses s'arrangent toujours au mieux pour le scinque, car sa queue se met à repousser aussitôt. La nouvelle queue est un petit peu plus courte et plus massive que la première, mais tout aussi efficace pour tromper l'ennemi!

BIZARRE DE NATURE!

POUR RIGOLER

— Maman! demande le petit lézard. À quel âge est-ce que je vais aller à la maternelle?

— Quand tu auras scinque ans, mon chéri!

UNE LANGUE AFFREUSE

Ce n'est pas très poli de tirer la langue, tu le sais! Mais le scinque à langue bleue, qui vit en Australie, le fait pour se défendre face à ses ennemis. En effet, lorsqu'il se fait attaquer, il ouvre la gueule toute grande et en sort sa longue langue bleue, qu'il agite sous le nez de l'assaillant. L'effet est si horrifiant que la plupart des prédateurs en oublient de passer à l'attaque!

LE SAVAIS-TU?

Plusieurs espèces de lézards peuvent perdre leur queue sans grand dommage et, chez la plupart, il en repousse une nouvelle par la suite.

BIZARRE DE NATURE!

POUR RIGOLER

—Comment le scinque à langue bleue fait-il pour devenir tout bleu de la tête aux pieds?

—Comme tout le monde! Il n'a qu'à retenir son souffle!

UN GRAND FRIMEUR

Lorsqu'il est menacé par un prédateur, le lézard à collerette, qui vit en Australie, tente d'abord de fuir. Mais s'il ne le peut pas, il passe à une autre stratégie. Il se met à tourner en rond, à toute vitesse, puis se campe sur ses pattes arrières et ouvre toute grande la gueule; en même temps, une membrane se déploie autour de son cou, formant une grande collerette. Il a alors l'air bien plus gros et bien plus féroce qu'il ne l'est en réalité.

Si cela ne suffit pas à effrayer son assaillant, il se met alors à avancer, en faisant balancer son corps de droite et de gauche, en fouettant le sol de sa longue queue et en sifflant très fort. C'est généralement suffisant pour effrayer n'importe quel prédateur, même le plus gros!

L'ART DU CAMOUFLAGE

Le caméléon est capable de changer de couleur, du jaune au vert, du blanc au noir, du rouge au brun! On s'imagine souvent qu'il prend la couleur de son environnement.

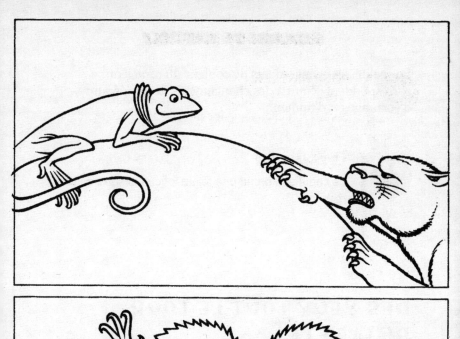

BIZARRE DE NATURE!

En réalité, les changements de couleur du caméléon correspondent plutôt à des changements de température, d'éclairage ou d'humeur.

 LE SAVAIS-TU?
Le caméléon prend une teinte foncée lorsqu'il se sent menacé.

DES YEUX TOUT LE TOUR DE LA TÊTE

Les yeux du caméléon peuvent bouger indépendamment l'un de l'autre. Ainsi, un œil peut regarder vers le haut, tandis que l'autre regarde vers le bas. Le caméléon est le seul animal capable de voir en même temps d'où il vient et où il s'en va!

UN GRAND NAGEUR

L'iguane aime se prélasser au soleil, allongé sur une branche. Il choisit souvent une branche qui surplombe l'eau. De cette façon, si un ennemi s'approche, il lui suffit de se laisser tomber et de se sauver à la nage!

UNE TÊTE CREUSE

L'iguane marin a une façon pas très polie de rejeter le sel qui s'accumule dans ses voies respiratoires pendant ses plongées. Il le fait en soufflant par un trou qu'il a sur le museau.

POUR RIGOLER

— Où le lézard qui a perdu sa queue va-t-il s'en chercher une nouvelle?

— Dans n'importe quelle boutique spécialisée!

EST-CE UN LÉZARD OU UN SERPENT?

Il existe des lézards qui n'ont pas de pattes et qui ressemblent donc comme deux gouttes d'eau à des serpents. On les appelle lézard-vers, lézards sans pattes ou amphisbènes.

ESSAYEZ DONC DE M'ATTRAPER!

Lorsqu'il se sent menacé, le chuckwalla se précipite vers l'anfractuosité rocheuse la plus proche, pour s'y glisser. Là, il se gonfle le corps pour remplir tout l'espace. Impossible à un prédateur de le tirer de là!

UN LÉZARD QUI DANSE

Il existe en Afrique une espèce de lézards au comportement étrange. Ils se mettent tout à coup à sauter partout et à envoyer une patte en l'air, puis l'autre. Parfois, ils envoient même les quatre pattes en l'air, pour ensuite retomber sur le ventre. On dirait qu'ils dansent. En réalité ils essaient simplement de se rafraîchir la plante des pieds, tant le sable du désert où ils vivent est brûlant!

POUR RIGOLER

Une dame se promène dans la ville avec un gros lézard en laisse. Un agent de police, qui l'aperçoit, lui dit :

— Vous devriez emmener ce lézard au zoo.

Le lendemain, l'agent de police voit encore la même dame, toujours accompagnée de son lézard.

— Il me semble, dit-il, que je vous ai dit hier d'emmener ce lézard au zoo!

— C'est bien ce que j'ai fait, répond-elle. Aujourd'hui, je l'emmène au cinéma!